지음 **ReadyAI**

전 세계 학생들에게 인공지능 교육을 보급하기 위해 AI 분야 최고의 연구자, 기관
및 기업과 협력하고 있어요. 인공지능 교육이 재미있고, 창의적·협력적·공감적·
윤리적이어야 한다고 믿으며 인공지능 교육 대중화를 위해 노력 중이에요.

옮김 **이정모**

연세대학교와 같은 대학원에서 생화학을 공부하고, 독일 본대학교에서 유기화학을
연구했어요. 현재 국립과천과학관장으로 일하면서 과학의 대중화를 위한
저술과 강연 활동을 하고 있어요. 그가 쓴 어린이 과학책으로는 〈우리는 물이야〉,
〈과학자와 떠나는 마다가스카르 여행〉, 〈내 방에서 콩나물 농사짓기〉,
〈유전자에 특허를 내겠다고?〉, 〈책짓기〉, 〈나는야 초능력자 미생물〉,
〈꽃을 좋아하는 공룡이 있었을까?〉 등이 있어요.

감수 **장병탁**

서울대학교 컴퓨터공학부 POSCO 석좌 교수이며, 인지과학/뇌과학 협동 과정
겸임 교수, 서울대 AI연구원(AIIS) 원장이에요. 2003년 MIT 인공지능연구소(CSAIL)
및 뇌인지과학과 초빙 교수를 역임하였으며, 한국정보과학회 인공지능소사이어티
초대 회장, 서울대학교 인지과학연구소장, 한국인지과학회 회장을 역임한 바
있어요. 2019년부터 한국뇌공학회 회장으로서 뇌 과학의 발전과 산업화에도
기여하고 있어요.

감수 **김수환**

경인교육대학교 학사·석사를 거쳐 고려대학교에서 컴퓨터 교육 박사 학위를
취득하였고, SW·AI 교육 관련 교재 집필, 교사 연수, 교육 과정 개발 등에 참여하고
있어요. 초등학교 교사 15년 경력이 있으며, 현재 총신대학교 교수로 학생들에게
컴퓨터, SW·AI를 가르치고 있어요. 한국컴퓨터교육학회 부회장,
한국정보과학교육연합회 이사로 활동하고 있고, 총신미디어연구소장,
총신원격교육지원센터장으로 일하고 있어요.

감수 **이지항**

영국 Bath 대학교에서 AI 전공으로 박사 학위를 취득하였고, 현재 상명대학교
휴먼지능정보공학과에서 학생들을 가르치고 있어요. 산업통상자원부 장관 표창(2020)
과 한국인공지능학회 최우수논문상(2020)을 수상하고, 2020년 교육부가 시행한
K-MOOC AI, 자율에이전트 부문 강좌를 진행하고 있어요. 합리적이면서 도덕적으로
의사결정하는 인간의 뇌를 닮은 인공지능에 관심을 갖고 연구하고 있어요.

AI와 나
빅 아이디어 4 – 사람과 AI의 상호작용

우리는 어떻게 AI와 함께 일할까?

ReadyAI 지음 | 이정모 옮김 | 장병탁 · 김수환 · 이지항 감수

빅 아이디어 #4

인공지능 에이전트가 우리와 자연스럽게
상호작용하려면 많은 지식이 필요해요.

 상호작용: 서로 이야기하고, 느끼고, 행동을
주고받으면서 소통하는 거예요.

사람들은 다양한 방법으로
서로 상호작용을 해요.

대부분의 사람들은 다른 사람과
말을 주고받아요.

다른 사람들과 상호작용을 하기 위해
글을 쓰거나 몸짓을 하거나,
말투를 바꾸거나
손짓을 사용하기도 해요.

서로 비슷한 상식을 갖고
비슷한 환경에서 자라왔다면,
서로를 더 잘 이해하는 데
도움이 되겠죠?

 상식: 사람들이 보통 알고 있거나
알아야 하는 지식이에요.

인공지능이 우리의 말을 이해하고
우리와 이야기를 나누려면,
어떤 지식이 필요한지 함께 알아볼까요?

컴퓨터는 말을 할 수 있을까요?

그럼요! 컴퓨터도
말할 수 있도록 프로그램할 수 있어요.
이것을 <u>음성 생성</u>이라고 해요.

하지만 한쪽에서만 말하는 것은
<u>상호작용</u>이 아니에요.
서로 말을 주고받아야
<u>상호작용</u>이라고 할 수 있어요.

 프로그램: 컴퓨터에 일을 시키기 위해 그 순서를 컴퓨터가
이해할 수 있는 언어로 나타낸 것이에요.

컴퓨터는 들을 수 있을까요?

그럼요! 인공지능은 사람의 말을
알아들을 수 있어요.
이것을 음성 인식이라고 해요.

하지만 말의 뜻을 알려면
인공지능에게도 지식이 있어야 해요.

음성 인식

시리나 빅스비 같은 인공지능 비서는
사람의 말을 알아듣고 반응할 수 있어요.

빅스비!
나 내일 소풍 가.
너무 신난다.
날씨를 알려 줘.

하지만 시리와 빅스비에게
길게 이야기하는 것은 곤란해요.
우리가 앞에서 이야기한 것을
기억하지 못하기 때문이에요.

그리고 시리와 빅스비는 우리와 달리
상식을 갖고 있지 않아요.

오늘 날씨는 흐리고
최고 기온은
22℃입니다.

인공지능이 사람과 자연스럽게 말하고
상호작용하려면, 무엇이 필요할까요?

미국 영어를 배운 인공지능이
영국에 사는 찰스와 이야기한다고 상상해 보세요.
찰스와 인공지능이 모두 영어로 말해요.

하지만 둘 다 영어로 말해도
내용을 서로 다르게 받아들일 수 있어요.
인공지능이 찰스가 한 말을 정확하게 알려면
영국 문화에 대한 지식이 더 필요해요.

미국의 칩스 ⬚ 와
(감자칩)
영국의 칩스 ⬚ 는
(감자튀김)
서로 달라요.

영국에 사는 찰스는 칩스
(감자칩)를 좋아하는구나.

나는 칩스(감자튀김)를
좋아해.

찰스

같은 문장도 상황에 따라서
다른 뜻으로 쓰일 수 있어요.

아래 그림을 살펴보세요.

"치킨은 먹을 준비가 되었어요."

"치킨은 먹을 준비가 되었어요."

또 다른 예를 들어 볼게요.
소리가 같지만 뜻이 다른 단어도 있어요.

네일

영어로 네일(nail)은 '손톱'과 '못'이라는 뜻이 있어요.

우리가 뜻한 바를 인공지능이 잘 이해하려면
인공지능이 현재 상황을 잘 알아야 해요.

바크

영어로 바크(bark)는 '나무껍질'과
'개가 짖는다'는 뜻이 있어요.

말투와 몸짓에 따라 말의 뜻이
달라질 수도 있어요.

두 사람 중 누가 정말로 칭찬하는 걸까요?

잘했어!

인공지능은 우리의 말투를
이해하지 못해요.
우리가 기분이 좋은지, 화가 났는지,
슬픈지, 신났는지 인공지능은 몰라요.

잘했어…

아래 그림을 보세요.
인공지능은 친구에게 무엇을
주어야 할까요?

나한테
마우스를 줄래!

친구에게 무엇을 가져다주어야 하는지
인공지능에게 알려 주세요.

앨런 튜링은 인공지능 연구의 선구자예요.
앨런 튜링에게는 오랫동안 생각한
문제가 있었어요.

"기계가 사람처럼 지능을
가질 수 있을까?"

튜링은 기계와 사람이
자연스러운 대화를 할 수 있다면,
이 문제의 대답이 "예"일 거라고 생각했어요.

앨런 튜링

앨런 튜링은
'튜링 테스트'를 개발했어요.

우리가 어떤 두 사람과 보지 않고
서로 문자로만 이야기한다고 생각해 보세요.
그런데 한쪽은 진짜 사람이고,
다른 쪽은 컴퓨터예요.

사람이라고 생각하고 계속 이야기를 나누었는데
알고 보니 상대방이 컴퓨터였어요.
이 경우, 튜링 테스트에서는 컴퓨터가
지능적이라고 보는 거예요.

지능: 어떤 일에 부딪혔을 때, 그 뜻을 이해하고 올바른
처리 방법을 알아채는 능력이에요.

아직까지 튜링 테스트를 통과한
인공지능은 없어요.

하지만 사람들과 특별한 주제에 대해 간단한
이야기를 나누도록 학습된 챗봇은 있어요.

 챗봇: 정해진 주제에 대해 문자나 음성으로 간단한 대화를
나누거나, 대답을 할 수 있도록 학습된 인공지능이에요.

우리가 온라인 쇼핑을 할 때
챗봇은 물건에 대한
대부분의 질문에 대답할 수 있어요.

많은 과학자들이 '자연어 처리'를 연구하고 있어요.
'자연어 처리'란 컴퓨터가 사람처럼
말을 하고 이해하는 것을 말해요.
몇몇 과학자들은 이 분야를 크게 발전시켰어요.

예를 들어 구글이 긴 글을 다른 언어로
번역하는 일을 잘하는 것처럼요.

인공지능이 우리와 자연스럽게
상호작용하려면 아직 더 많은 연구가 필요해요.

우리가 인공지능을 더 잘 훈련시킬 수 있다면,
마치 친구와 이야기하는 것처럼
인공지능과 이야기하는 날이 올 거예요.

컴퓨터가 정말로 지능적인지
시험해 볼 수 있을까요?

AI와 나

지금 edu.readyai.org를 방문해서
온라인 자격증과 배지를 받으세요!

더 많은 AI와 나 배지에도 도전해 보세요!

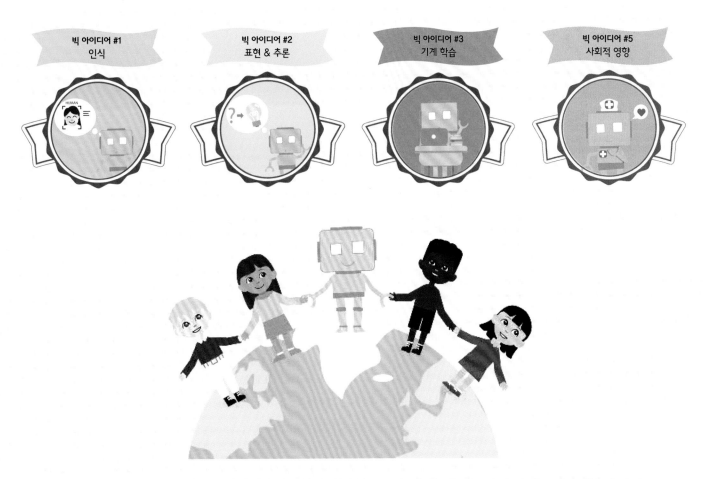

ReadyAI 홈페이지에서 어린이 학습자에게 기초 AI 교육을 온라인으로 무료 제공합니다.

인공지능의 기초를 알아가며 여러 가지 문제도 풀어 보세요.
각 단계를 끝까지 마치면, 다섯 개의 배지를 받을 수 있어요.

독자 여러분께,

'사람과 AI의 상호작용', 즉 컴퓨터가 사람과 자연스럽게 대화하기
위해 어떤 도전이 필요한지 즐겁게 읽으셨나요?
아직까지 튜링 테스트를 통과한 인공지능 에이전트는 없지만,
우리의 생각을 이해하고 기분을 알아채는 인공지능 에이전트와
상호작용할 수 있다면 우리 생활은 한층 더 풍요로워질 거예요.
사람은 정말 말할 수 없이 복잡하기 때문에 컴퓨터가 흉내내기
가장 어려운 대상이에요.
하지만 인공지능이 꾸준히 발전한다면 컴퓨터는 우리의
가장 좋은 동반자가 될 거예요.

데이비드 S. 투레츠기 박사
카네기 멜론대학 컴퓨터과학 교수
AI4K12 설립자
ReadyAI 자문위원회 위원

인공지능의 다섯 가지 빅 아이디어

빅 아이디어 1 – 인식
컴퓨터는 센서를 이용해서 세상을
인식해요.

빅 아이디어 2 – 표현 & 추론
인공지능 에이전트는 세상의
지식과 정보를 표현하고 컴퓨터에
쌓아가면서, 추론에 활용해요.

빅 아이디어 5 – 사회적 영향
인공지능은 우리 사회에
좋은 쪽으로도, 나쁜 쪽으로도
영향을 줄 수 있어요.

빅 아이디어 4 – 사람과 AI의 상호작용
인공지능 에이전트가 우리와 자연스럽게
상호작용하려면 많은 지식이 필요해요.

빅 아이디어 3 – 기계 학습
컴퓨터는 데이터로부터 배워요.

인공지능의 다섯 가지 빅 아이디어는 AI4K12에서 AAAI(미국인공지능학회)와 CSTA(미국컴퓨터과학교사협회)가
협동으로 디자인한 K12(유치~고3까지 아우르는 교육과정) 인공지능 교육 가이드입니다.

어른들은 보통 자율주행 자동차, 시리, 빅스비 음성 지원 등의 여러 인공지능 기술들이 혁신적이지만 때로는 번거롭다고 생각합니다.

우리 아이들은 어른들처럼 생각하지 않습니다. 아이들은 인공지능을 자연스럽게 이해합니다. 아이들이 빅스비에게 어떤 질문을 하는지 보세요. 아이들은 어른들처럼 질문하지 않습니다.

앞으로 10여 년 안에 대부분 아이들은 인공지능 직장 동료, 인공지능 운전기사, 인공지능 보험 설계사, 인공지능 고객 서비스 담당자, 인공지능 은행원, 인공지능 접수 담당자, 인공지능 방사선 전문의와 함께 살아갈 것입니다. 간단히 말해서, 인공지능은 우리 아이들 삶에서 자연스러운 한 부분이 되어 있을 것입니다.

어른인 우리는 아이들이 인공지능을 효율적으로 사용하고, 본질적인 한계를 이해하고, 기술을 이용하여 더 좋은 미래를 만들 수 있도록 도와줘야 할 책임이 있습니다. ReadyAI의 핵심 신념은 "인공지능과 함께 살아가는 세상에서 전 세계 아이들은 누구나 지적, 정서적으로 발달할 수 있도록 인공지능 교육을 받을 권리가 있다"는 것입니다. 모든 아이들이 인공지능 교육을 받게 되면, 아이들은 첨단 기술과 단절된 구경꾼에서 지역 사회와 세계의 긍정적인 변화에 기여하는 능동적인 참여자로 변화할 수 있습니다.

인공지능은 넷플릭스에서 영화를 스포티파이에서 음악을 골라 주고, 페이스북에서 새로운 이야기들을 추천하는 것 이상의 중요한 역할을 곧 하게 될 것입니다. 우리는 아이들이 인공지능을 이해하고 사용하는 데 그치지 않고, 어릴 때부터 인공지능의 윤리와 사회적 영향을 신중하게 평가할 수 있도록 도와주어야 합니다. 우리 아이들을 위해 함께 나아갑시다!

루즈베 알리아바디
ReadyAI 대표

AI와 나 시리즈

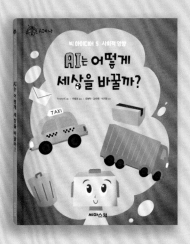

인공지능 교육과정 영역 및 내용 요소

초등학교~고등학교

영역	세부 영역	내용 요소				
		초등학교 1~4학년	초등학교 5~6학년	중학교	고등학교 기초 (인공지능 기초 과목)	고등학교 심화
인공지능의 이해	인공지능과 사회	• 인공지능과의 첫 만남	• 인공지능의 다양한 활용 • 약인공지능과 강인공지능	• 인공지능 발전 과정 • 튜링 테스트	• 인공지능의 개념과 특성 • 인공지능 기술의 발전과 사회변화	• 인공지능 기술의 중요성 • 인공지능 융·복합
	인공지능과 에이전트				• 지능 에이전트의 개념과 역할	• 지능 에이전트 분석
인공지능 원리와 활용	데이터	• 여러 가지 데이터 • 수치 데이터 시각화	• 데이터의 중요성 • 문자 데이터 시각화 • 데이터 경향성	• 데이터 수집 • 데이터 전처리 • 데이터 예측	• 데이터의 속성 • 정형 데이터와 비정형 데이터	• 데이터 속성 분석 • 빅데이터
	인식	• 컴퓨터와 사람의 인식	• 컴퓨터의 인식 방법	• 사물 인식	• 센서와 인식 • 컴퓨터 비전 • 음성 인식과 언어 이해	• 컴퓨터 비전의 응용 • 음성 인식의 응용 • 자연어 처리
	분류, 탐색, 추론	• 특징에 따라 분류하기	• 인공지능 분류 방법 • 지식 그래프	• 인공지능 탐색 방법 • 규칙 기반 추론	• 문제 해결과 탐색 • 표현과 추론	• 휴리스틱 탐색 • 논리적 추론
	기계 학습과 딥러닝	• 인공지능 학습 놀이 활동	• 기계 학습 원리 체험	• 지도 학습 • 비지도 학습	• 기계 학습의 개념과 활용 • 딥러닝의 개념과 활용 • 분류 모델 • 기계 학습 모델 구현	• 기계 학습 알고리즘 • 강화 학습 원리 • 퍼셉트론과 신경망 • 심층신경망
인공지능의 사회적 영향	인공지능 영향력	• 우리에게 도움을 주는 인공지능	• 인공지능과 함께하는 삶	• 인공지능과 나의 직업	• 사회적 문제 해결 • 데이터 편향성	• 인공지능과의 공존 • 알고리즘 편향성
	인공지능 윤리		• 인공지능의 올바른 사용	• 인공지능의 오남용 예방	• 윤리적 딜레마 • 사회적 책임과 공정성	• 인공지능 개발자 윤리 • 인공지능 도입자 윤리

〈교육부, 한국과학창의재단〉

인공지능 교육과정 연계 가이드

초등학교 1~4학년

영역	세부 영역	내용 요소	수행 기대
인공지능의 이해	인공지능과 사회	인공지능과의 첫 만남	• 인공지능이 적용된 여러 가지 기기를 체험한다. • 인공지능이 인간보다 잘하는 것을 구분한다.
	인공지능과 에이전트		
인공지능 원리와 활용	데이터	여러 가지 데이터	• 놀이 활동을 통해 숫자와 문자를 색, 그림 등 다양한 방법으로 표현한다. • **생활 속에서 다양한 유형의 데이터(문자, 숫자, 이미지, 소리 등)를 찾아본다.**
		수치 데이터 시각화	• 수치 데이터를 그래프(그림그래프, 막대그래프 등)로 표현한다.
	인식	컴퓨터의 인식 장치	• 사람의 감각기관과 컴퓨터의 입출력기기를 비교한다.
	분류, 탐색, 추론	특징에 따라 분류하기	• 사물의 특징을 찾아본다. • 사물의 특징에 따라 분류한다.
	기계 학습과 딥러닝	인공지능 학습 놀이 활동	• 놀이 활동을 통해 인공지능의 학습 과정을 체험한다.
인공지능의 사회적 영향	인공지능의 영향	우리에게 도움을 주는 인공지능	• 우리에게 도움을 주는 인공지능 서비스 · 제품을 찾아본다.

〈교육부, 한국과학창의재단〉

중학교

영역	세부 영역	내용 요소	수행 기대
인공지능의 이해	인공지능과 사회	인공지능 발전 과정	인공지능의 발전 과정에 따른 특징을 설명할 수 있다.
		튜링 테스트	**인간의 지능과 기계의 지능을 비교할 수 있다.**
인공지능 원리와 활용	데이터	데이터 수집	문제 해결에 필요한 데이터 속성을 파악하고 데이터를 수집할 수 있다.
		데이터 전처리	수집된 데이터에서 이상치와 결측치를 찾을 수 있다. 데이터 전처리의 필요성을 설명할 수 있다.
		데이터 예측	주어진 데이터 분석을 통해 알게 된 규칙으로 새로운 데이터의 결과를 예측할 수 있다.
	인식	사물 인식	인공지능이 다양한 센서를 통해 사물을 인식하는 원리를 알 수 있다.

〈교육부, 한국과학창의재단〉

AI와 나 를 추천합니다.

이정모 국립과천과학관장

인공지능과 로봇의 시대는 우리 코앞에 닥쳤습니다. 이제 우리 아이들은 사람뿐만 아니라 인공지능과의 소통 능력이 아주 중요한 세상에 살게 된 것이죠. 인간 사이의 소통도 가르치기 쉽지 않은데 인공지능과의 소통은 어떻게 가르칠 수 있을까요? 아마 우리가 가르치지는 못할 겁니다. 부모와 교사들도 경험하지 못한 일이니까요. 하지만 인공지능 시대를 두려운 마음으로 맞을 수는 없습니다. 전혀 새로운 이해가 필요합니다. 전혀 새로운 방식으로 소개해야 합니다. **AI와 나**는 인공지능 전문가와 교육 전문가들이 지혜를 모은 학습서입니다. 지금까지 이런 책은 없었습니다. 인공지능이 어떻게 세상을 인식하고, 추론하고, 학습하고, 표현하는지 그림과 짧은 글로 설명했습니다. 아이들의 눈에 맞추면서도 정확하게 설명했죠. 부모님 그리고 선생님들도 함께 보시기 바랍니다.

장병탁 서울대학교 컴퓨터공학부 교수

우리 어린이들은 앞으로 AI와 함께 살아갈 세대입니다. AI는 잘 활용하면 자신의 경쟁력을 키우는 협조자가 될 것이며, 반면에 자신의 일자리를 위협하는 경쟁자가 될 수도 있습니다. **AI와 나**는 이러한 AI 시대를 준비하는 미래의 나침반 역할을 하고 있습니다. AI가 어떻게 세상을 인식하고 표현하는지, 세상의 문제를 AI가 어떻게 해결하는지, 문제 해결을 위해서 AI가 어떻게 학습하는지, 그리고 사람과 AI가 어떻게 커뮤니케이션하는지를 그림과 예를 사용하여 구체적이면서도 재미있게 이야기로 풀어내고 있습니다. 그래서 어린이들이 AI의 원리를 쉽게 이해하고, 강력한 도구로 활용하는 법을 가르쳐 주어 AI 시대를 이끌어 가도록 안내하고 있습니다.

김수환 총신대학교 사범학부 교수

우리 아이들이 살아갈 세상은 인공지능과 공존하는 사회가 될 것입니다. 생활 곳곳에서 인공지능을 만나게 될 것이고, 일하는 회사에서도 인공지능을 활용하여 문제를 해결해야 하는 세상에서 살게 될 것입니다. 인공지능이 인간과 어떻게 다르고, 어떤 원리로 작동하는지 모른다면 인공지능을 제대로 활용할 수 없습니다. 인공지능에 대한 막연한 기대나 불안감은 인공지능을 제대로 알지 못하는 데에서 비롯됩니다. **AI와 나**는 어린아이들이 인공지능에 대해 쉽고 재미있게 배울 수 있는 기회를 제공합니다. 아이들과 함께 이야기를 따라가다 보면 인공지능의 원리를 재미있게 배울 수 있을 것입니다. 인공지능에 대해 알고 싶은 아이들에게 첫 번째 책으로 권하고 싶습니다.

이지항 상명대학교 휴먼지능정보공학과 교수

AI가 크게 발전하면서, 이에 대한 기대도 높지만 염려도 커지고 있습니다. 사실은 지능에 대한 탐구가 시작되면서 AI도 함께 발전해 왔고, 우리와 함께 늘 공존하고 있었습니다. AI가 무엇인지, 어떤 일을 하는지, 어떻게 우리와 상호작용하는지 알 기회가 적었던 것뿐이죠. **AI와 나**는 AI의 개념과 정보를 알기 쉽게 소개하고 있습니다. 특히 AI와 함께 살아갈 아이들이 알기 쉽도록, 쉬운 단어와 그림을 중심으로 실생활에서 찾아볼 수 있는 사례와 예시를 통해 AI를 소개하고 있습니다. 부모님과 아이들이 함께 읽어 보고 이야기를 나누면서, AI에 대해 더 깊이 알 수 있는 가족 첫 번째 AI 책으로 추천합니다.

AI와 나

빅 아이디어 4 – 사람과 AI의 상호작용
우리는 어떻게 AI와 함께 일할까?

초판발행	2021년 7월 21일
지은이	ReadyAI
옮긴이	이정모
감 수	장병탁 · 김수환 · 이지항
펴낸이	김남인
편 집	최수현
디자인	곽상엽 · 박상군
마케팅	김진주
펴낸곳	씨마스 21
주 소	서울특별시 강서구 강서로33가길 78
등록번호	제 2020-000180호 (2020년 11월 24일)
내용문의	02)2268-1597 / 팩스 02)2278-6702
홈페이지	www.cmass21.co.kr / 이메일 cmass@cmass21.co.kr
ISBN	979-11-5672-434-6
	979-11-5672-430-8(세트)
